BEI GRIN MACHT SICH IHR
WISSEN BEZAHLT

- Wir veröffentlichen Ihre Hausarbeit,
  Bachelor- und Masterarbeit

- Ihr eigenes eBook und Buch -
  weltweit in allen wichtigen Shops

- Verdienen Sie an jedem Verkauf

Jetzt bei www.GRIN.com hochladen
und kostenlos publizieren

Vornamen und Attraktivität. Wie Vornamen die wahrgenommene Personenattraktivität beeinflussen

Bibliografische Information der Deutschen Nationalbibliothek:

Die Deutsche Nationalbibliothek verzeichnet diese Publikation in der Deutschen Nationalbibliografie; detaillierte bibliografische Daten sind im Internet über http://dnb.d-nb.de abrufbar.

ISBN: 9783346579287
Dieses Buch ist auch als E-Book erhältlich.

© GRIN Publishing GmbH
Nymphenburger Straße 86
80636 München

Druck und Bindung: Books on Demand GmbH, Norderstedt Germany
Gedruckt auf säurefreiem Papier aus verantwortungsvollen Quellen

Das vorliegende Werk wurde sorgfältig erarbeitet. Dennoch übernehmen Autoren und Verlag für die Richtigkeit von Angaben, Hinweisen, Links und Ratschlägen sowie eventuelle Druckfehler keine Haftung.

Das Buch bei GRIN: https://www.grin.com/document/1169042

Vornamen und Attraktivität

Wie Vornamen die wahrgenommene
Personenattraktivität beeinflussen

Inhaltsverzeichnis

1. Zusammenfassung

Im Rahmen des Studiengangs Angewandte Psychologie an der IB Hochschule Stuttgart wurde im Modul „Experimente und Praxistransfer" die Abhängigkeit der eingeschätzten Attraktivität einer Namensträgerin von der Modernität bzw. Nicht-Modernität ihres Vornamens untersucht. Unter der Annahme, dass die Modernität bzw. Nicht-Modernität eines weiblichen Vornamens die wahrgenommene Personenattraktivität beeinflusse, nahmen insgesamt 60 Versuchspersonen variierenden Alters und Geschlechts an einer schriftlichen Befragung in Form eines Fragebogens teil. Anhand der ausgewerteten Ergebnisse ergab sich der Befund, dass die eingeschätzte Attraktivität einer Namensträgerin abhängig davon ist, ob ihr Vorname modern oder altmodisch ist.

2. Einleitung

Sobald wir einen Vornamen hören, assoziieren wir gewisse Persönlichkeitsmerkmale mit der betreffenden Person, wie beispielsweise das Alter, den Bildungsgrad oder die ethnische Zugehörigkeit. Diese stereotypen Vorstellungen entwickeln sich automatisch aufgrund der persönlichen Erfahrungen und Leitbilder, welche dem Vornamen bewusst oder unbewusst gegenübergestellt werden. Oftmals bleiben diese Assoziationen bestehen, bis nähere Informationen über die betreffende Person gegeben sind (Böhm, Lummer & Rudolph, 2004, S. 5 f.).

Allerdings werden anhand des Vornamens einer Person nicht nur Annahmen über ihre charakteristischen Eigenschaften getroffen, zusätzlich entsteht eine Vorstellung über ihr äußerliches Erscheinungsbild (Erwin, 1993, S. 625). Aufgrund dessen lässt sich vermuten, dass der Vorname einen erheblichen Einfluss auf die Wahrnehmung der Attraktivität einer Person hat.

Im Laufe der vergangenen Jahrzehnte konnte in Deutschland eine stetige Veränderung der am häufigsten vergebenen weiblichen und männlichen Vornamen beobachtet werden (Gesellschaft für deutsche Sprache e. V., 2019). So waren weibliche Vornamen wie z. B. Petra oder Birgit in den 1960er Jahren weit verbreitet, gelten inzwischen jedoch als veraltet. Heute sind besonders neumodische weibliche Vornamen wie z. B. Mia oder Emily populär (Konrad, 2019). Angesichts dieses fortdauernden Wandels, stellt sich die Frage nach einem möglichen Zusammenhang zwischen der Modernität bzw. Nicht-Modernität eines Vornamens und der daraus assoziierten Attraktivität einer Person.

Ziel der vorliegenden Forschungsarbeit ist die Untersuchung einer möglichen Abhängigkeit der eingeschätzten Personenattraktivität davon, ob ihr Vorname modern oder altmodisch ist. Dies erfolgt anhand der Erhebung, Auswertung und Interpretation von empirisch erfassten Daten. Dabei beziehen sich die Untersuchungen ausschließlich auf weibliche Vornamen und deren Namensträgerinnen.

3. Theoretischer Hintergrund

Das folgende Kapitel befasst sich mit dem theoretischen Hintergrund des Forschungsprojekts, was anhand der Erläuterung einiger relevanter Begriffe erfolgt. Zusätzlich wird eine Studie der Technischen Universität Chemnitz beschrieben, welche als Grundlage der vorliegenden Arbeit fungiert.

3.1 Definition zentraler Begriffe

Der Begriff Attraktivität beschreibt eine Zuweisung von außen, welche sich auf das optische Empfinden einer Person bezieht. Häufig ist die Wahrnehmung einer hohen Attraktivität mit Gefühlen der Anziehung für die betreffende Person verbunden. Dabei gibt es zeitliche und kulturelle Differenzen (Davids, 2006, S. 17 f.).

Ein weiterer zentraler Begriff ist die Modernität. Im Bezug auf die vorliegende Arbeit beschreibt sie einen weiblichen Vornamen, welcher „an der Gegenwart [...] orientiert, [...] in die jetzige Zeit passend" ist (Duden, 2019). Das Gegenstück dazu stellt die Nicht-Modernität dar, welche in diesem Text einen altmodischen weiblichen Vornamen beschreibt, der „nicht mehr [...] dem Zeitgeschmack entsprechend" ist (Duden, 2019).

3.2 Studie der Technischen Universität Chemnitz

Die Studie mit dem Titel „Ein Vorname sagt mehr als 1.000 Worte - Zur sozialen Wahrnehmung von Vornamen" von R. Böhm, M. Lummer und U. Rudolph wurde im Jahr 2007 im Rahmen eines Forschungsprojekts der Fakultät für Psychologie an der Technischen Universität Chemnitz veröffentlicht.

Behandelt wird der Zusammenhang zwischen einigen von außen wahrgenommenen Persönlichkeitsmerkmalen wie z. B. Alter, Attraktivität, Intelligenz oder Religiosität einer Person und dem Grad der Modernität ihres Vornamens. Dabei wird zwischen modernen, altmodischen und zeitlosen Vornamen unterschieden. Insgesamt wurden 146 weibliche sowie männliche Versuchspersonen im Durchschnittsalter von ca. 33 Jahren einer schriftlichen Befragung unterzogen. Anhand der Ergebnisse konnte empirisch bestätigt werden, dass der Grad der Modernität eines Vornamens entscheidend für die Assoziation mit stereotypen Merkmalen ist, welche die eingeschätzte Attraktivität einer Person maßgeblich beeinflussen.

Neben dieser Erkenntnis ergaben sich zahlreiche weitere Befunde, welche für das vorliegende Forschungsprojekt nicht relevant sind. Die umfangreichen Untersuchungen der beschriebenen Studie wurden für diese Arbeit gekürzt und den Gegebenheiten angepasst. Die Analyse beschränkt sich auf die Abhängigkeit der eingeschätzten Attraktivität einer weiblichen Person von der Modernität bzw. Nicht-Modernität ihres Vornamens.

4. Empirische Untersuchung

Im folgenden Kapitel steht die Methodik der empirischen Untersuchung im Vordergrund. Dazu werden der Forschungsgegenstand und die Forschungshypothese der vorliegenden Arbeit erläutert. Im weiteren Verlauf des Textes erfolgt eine Darstellung des angewandten Versuchsdesigns sowie eine Beschreibung der Stichprobe. Zuletzt wird auf die genutzten Materialien zur Datenerhebung eingegangen.

4.1 Forschungsgegenstand und -hypothese

Der zu untersuchende Forschungsgegenstand ist die Abhängigkeit der eingeschätzten Attraktivität einer Namensträgerin davon, ob ihr Vorname modern oder altmodisch ist.

Unter Einbezug der in Kapitel 3.2 erläuterten Ergebnisse der Studie der Technischen Universität Chemnitz war davon auszugehen, dass die wahrgenommene Attraktivität einer Namensträgerin von der Modernität bzw. Nicht-Modernität ihres Vornamens abhängig ist. Aufgrund dessen wurde die im Folgenden beschriebene statistische Forschungshypothese H1 aufgestellt. Diese ist ungerichtet und unspezifisch, wie auch die Nullhypothese H0.

H1: Der Mittelwert moderner weiblicher Vornamen unterscheidet sich von dem Mittelwert altmodischer weiblicher Vornamen im Bezug auf die wahrgenommene Attraktivität der Namensträgerin.

H0: Der Mittelwert moderner weiblicher Vornamen unterscheidet sich nicht von dem Mittelwert altmodischer weiblicher Vornamen im Bezug auf die wahrgenommene Attraktivität der Namensträgerin.

4.2 Versuchsdesign

Zur Untersuchung der Forschungshypothese H1 wurde ein Feldexperiment angesetzt. Diese Versuchsform erzielt aufgrund ihrer Realitätsnähe repräsentative Ergebnisse für die Grundgesamtheit.

Die Modernität bzw. die Nicht-Modernität eines weiblichen Vornamens fungiert im vorliegenden Forschungsprojekt als unabhängige Variable, wohingegen die eingeschätzte Attraktivität der Namensträgerin die abhängige Variable bildet. Vor und während der schriftlichen Befragung wurde die unabhängige Variable vorsätzlich vor den Versuchspersonen verborgen, um die Ermittlung neutraler Angaben gewährleisten zu können.

4.3 Stichprobe

Die schriftlichen Befragung fand anhand eines vierseitigen Fragebogens statt, dessen Aufbau der in Kapitel 3.2 dargelegten Studie der Technischen Universität Chemnitz entnommen ist. Insgesamt bearbeiteten 60 Personen im Durchschnittsalter von ca. 41 Jahren den Fragebogen. Die Hälfte aller Teilnehmenden war weiblich, die andere Hälfte war männlich. Um eine möglichst hohe Heterogenität der Stichprobe sicher zu stellen, wurde neben dem Geschlecht der Probanden auch ihr Alter berücksichtigt. Jedes Geschlecht wies 15 Probanden im Alter von unter 30 Jahren und 15 Probanden im Alter von über 50 Jahren auf. Diese Vorgaben dienten zur breiten Aufstellung der Stichprobe, wurden bei der Auswertung und Interpretation der Ergebnisse aber nicht berücksichtigt.

4.4 Materialien

Zur Anfertigung des genutzten Fragebogens wurde eine Namensliste erstellt, welche sich aus 50 weiblichen Vornamen zusammen setzt und in Anhang A1 ersichtlich ist. Die Hälfte der Vornamen entstammt der Top 100 Rangliste der beliebtesten weiblichen Vornamen des Jahres 2018 nach P. Konrad und ist demnach als modern einzustufen. Die andere Hälfte lässt sich aus Konrads Top 100 Rangliste der beliebtesten weiblichen Vornamen des Jahres 1965 entnehmen und ist als altmodisch zu kategorisieren.

In dem für die Untersuchung erstellten Fragebogen sind die zuvor beschriebenen Vornamen in alphabetischer Reihenfolge aufgelistet. In der Überschrift steht die Fragestellung „Wie attraktiv schätzen Sie die Trägerin des folgenden Vornamens ein?". So werden die Teilnehmenden zur Einschätzung der Personenattraktivität aufgefordert, welche mittels des Vornamen assoziiert wird. Die Bewertung erfolgt anhand einer Intervallskala von Null bis Zehn. Dabei kennzeichnet die Null eine sehr unattraktive Assoziation mit dem Vornamen und daraus resultierend mit der Namensträgerin. Die Zehn repräsentiert eine sehr attraktive Assoziation mit dem Vornamen und demnach mit der Namensträgerin. Aufgrund der quantitativen Darstellung der Ausprägungen sowie der Möglichkeit zur Berechnung relevanter Lageparameter eignet sich die Intervallskala für die Untersuchung. Der beschriebene Fragebogen befindet sich ist in Anhang A2.

5. Datenerhebung

Die Datenerhebung des Forschungsprojekts ereignete sich werktags auf der zentral gelegenen Königsstraße in der baden-württembergischen Landeshauptstadt Stuttgart. Ort und Zeitpunkt der Untersuchung bieten die optimalen Bedingungen für eine möglichst breite Aufstellung der Stichprobe, da eine große Menge an Menschen aus unterschiedlichen Bildungs- und Sozialschichten anzutreffen ist.

Personen, die augenscheinlich den Alters- und Geschlechtsvorgaben entsprachen, wurden freundlich angesprochen und unter einem Vorwand zur anonymen Teilnahme an dem vorliegenden Forschungsprojekt eingeladen. Statt der Bekanntgabe des tatsächlichen Untersuchungsgegenstands, wurde der Vorwand benutzt, die Studie diene zur Bestimmung jenes weiblichen Vornamens, welcher bei den Stuttgartern die höchste Personenattraktivität assoziiere. Stimmte die Person zu, wurde sie an einen Stehtisch gebeten, wo der in Kapitel 4.4 beschriebene Fragebogen und ein Kugelschreiber bereit lagen. Nach der Angabe von Alter und Geschlecht erhielten die Teilnehmenden eine knappe Einführung in den Ablauf der Befragung. Daraufhin begann die Beantwortung des Fragebogens, welche etwa acht Minuten in Anspruch nahm. Nach einer Dauer von etwa fünf Stunden lagen 60 ausgefüllte Fragebögen vor und das Experiment wurde beendet.

6. Datenauswertung

Zur Auswertung der dokumentierten Daten wurden das Tabellenkalkulationsprogramm Excel und das Statistikprogramm SPSS verwendet. Anhand der intervallskalierten und normalverteilten Bewertungspunkte wurde für jeden aufgelisteten weiblichen Vornamen das arithmetische Mittel berechnet. Im weiteren Verlauf wurden die Vornamen in zwei Kategorien aufgeteilt: (1) moderne Vornamen und (2) altmodische Vornamen. In Folge dessen konnte für jede Kategorie das arithmetische Mittel, die Standardabweichung sowie der Standardfehler und daraufhin die Varianz berechnet werden. Die Ergebnisse sind in Tabelle 1 ersichtlich. Die dokumentierten Zahlenwerte wurden auf drei Nachkommastellen aufgerundet.

	Moderne Vornamen	Altmodische Vornamen
Arithmetisches Mittel	5,646	3,415
Standardabweichung	0,388	0,798
Standardfehler	0,078	0,160
Varianz	0,150	0,637

Tabelle 1: Arithmetische Mittel, Standardabweichungen, Standardfehler und Varianzen der eingeschätzten Attraktivität der Namensträgerin

Aus den arithmetischen Mitteln der Kategorien (1) = 5,646 und (2) = 3,415 ergibt sich eine Mittelwertdifferenz von 2,231. Da sich der Mittelwert moderner weiblicher Vornamen von dem Mittelwert altmodischer weiblicher Vornamen im Bezug auf die wahrgenommene Attraktivität der betreffenden Person unterscheidet, ist eine Bestätigung der zu betrachtenden Forschungshypothese H1 zu vermuten.

Im nächsten Schritt erfolgte die Ermittlung der Varianzhomogenität anhand des Levene Tests, um festzustellen, ob eine Durchführung des t-Tests möglich war. Dafür muss die statistische Signifikanz unter dem festgelegten Signifikanzniveau von fünf Prozent liegen. Der p-Wert von 0,005 lässt darauf schließen, dass eine Varianzhomogenität vorliegt.

Die Freiheitsgrade für beide Kategorien liegt bei 48. Demnach ergibt sich Folgendes: t (48) = 12,57; p = 0,001;

Im weiteren Verlauf wurde unter Annahme der Nullhypothese H0 ein t-Test durchgeführt. Dabei liegt der p-Wert mit 0,001 unter dem festgelegten Alpha-Wert von 0,05 und ist demnach als signifikant einzustufen. Somit kann die Nullhypothese verworfen und die Forschungshypothese H1 bestätigt werden.

7. Interpretation der Ergebnisse

Die Ergebnisse der vorliegenden Forschungsarbeit führen zu dem Befund, dass die eingeschätzte Attraktivität einer Namensträgerin abhängig von der Modernität bzw. Nicht-Modernität ihres Vornamens ist.

Im Wesentlichen stimmen die beschriebenen Ergebnisse des Forschungsprojekts mit den dokumentierten Daten der Studie der Technischen Universität Chemnitz überein. Beide Untersuchungen weisen Differenzen zwischen dem arithmetischen Mittel der modernen Vornamen und dem arithmetischen Mittel der altmodischen Vornamen im Bezug auf die eingeschätzte Attraktivität der betreffenden Person auf. Es ist festzustellen, dass der Mittelwert der wahrgenommenen Personenattraktivität bei modernen Vornamen durchschnittlich höher ist, als bei altmodischen Vornamen. Aufgrund dessen kann angenommen werden, das Trägerinnen eines modernen Vornamens eher als attraktiv eingeschätzt werden, als Trägerinnen eines altmodischen Vornamens.

Aufgrund dessen, dass der Mensch jede aufgenommene Information in Kombination mit im Gehirn abgespeicherten Inhalten setzt, werden Vornamen oftmals bewusst oder unbewusst mit bestehenden Gedächtnismustern verbunden. Da moderne Vornamen vorrangig in den letztem Jahrzehnten vergeben wurden, werden diese möglicherweise mit grundsätzlich jüngeren Personen verknüpft, als altmodische Namen. Daraus resultierend könnte eine durchschnittlich höhere Personenattraktivität assoziiert werden, was ein Grund für die aufgezeigten Ergebnisse sein könnte (Erwin, 1993, S. 630).

8. Schlussfolgerung

Zusammenfassend ist festzustellen, dass die eingeschätzte Attraktivität einer Namensträgerin davon abhängig ist, ob ihr Vornamen modern oder altmodisch ist. Die dokumentierten Ergebnisse der empirischen Untersuchung beschreiben eine Mittelwertdifferenz zwischen den arithmetischen Mitteln der modernen und altmodischen weiblichen Vornamen im Bezug auf die wahrgenommene Attraktivität der Namensträgerin. Der Erkenntnisstand, welcher von der Studie der Technischen Universität Chemnitz dargelegt wird, ist somit in aktualisierter Form zu bestätigen.

Eine Schwachstelle der angewandten Methodik ist die Beschränkung der Anzahl an Probanden auf 60 Personen. Zur empirischen Verankerung der Erkenntnisse empfiehlt es sich, die Untersuchung an einer umfangreicheren Stichprobe zu wiederholen.

Zur Ermittlung von epidemiologischen Daten bedarf es weiterer Forschungen. Zwar konnte anhand der vorliegenden Arbeit eine Abhängigkeit der eingeschätzten Attraktivität einer Namensträgerin von der Modernität bzw. Nicht-Modernität ihres Vornamens festgestellt werden, jedoch werden die Häufigkeit und die direkten Auswirkungen der Unterschiede im Bezug auf die assoziierte Personenattraktivität nicht thematisiert. Anhand einer Langzeitstudie, in welcher Trägerinnen von modernen sowie von altmodischen Vornamen beobachtet werden, könnten nähere Angaben zu möglichen Differenzen im privaten, beruflichen und sozialen Umfeld gemacht werden.

Die Thematik ist von großer gesellschaftlicher Relevanz, da sich eine Mehrheit der Bevölkerung wiederkehrend mit Namen und Vornamen auseinander zu setzen hat. Aufgrund der gewonnen Erkenntnisse ergeben sich Möglichkeiten zur Beeinflussung der wahrgenommenen Persönlichkeitsmerkmale, beispielsweise anhand einer angepassten Vornamenvergabe. Zukünftig kann die Modernität bzw. Nicht-Modernität eines Vornamens als entscheidender Einflussfaktor auf die eingeschätzten Attraktivität der betreffenden Person sowie auf weitere charakteristische Assoziationen berücksichtigt werden.

9. Quellenverzeichnis

V1: Literatur

- Böhm, R., Lummer, M., Rudolph, U. (2004). *Ein Vorname sagt mehr als 1.000 Worte - Zur sozialen Wahrnehmung von Vornamen.* Chemnitz: Technische Universität Chemnitz.

- Davids, M. (2006). *Körper im Spiegel der Gesellschaft: Die soziale Bedeutung der Attraktivität.* Saarbrücken: VDM.

- Erwin, P. G. (1993). First Names and Perceptions of Physical Attractiveness. *The Journal of Psychology, 127 (6),* 625 - 631. London: Informa.

V2: Internetquellen

- Bibliographisches Institut. (2019). *Duden Online Wörterbuch.* Abgerufen am 22.07.2019 von (1): https://www.duden.de/rechtschreibung/modern_neu_modisch (2): https://www.duden.de/rechtschreibung/altmodisch. Berlin: Dudenverlag.

- Gesellschaft für deutsche Sprache e. V. (2019). *Die Top Ten der beliebtesten Vornamen seit 1977.* Abgerufen am 02.09.2019 von https://gfds.de/vornamen/beliebteste-vornamen/. Wiesbaden: FontFront.

- Konrad, P. (2019). *Vornamen-Hitliste 2018.* Abgerufen am 08.07.2019 von https://www.elterngeld.de/beliebteste- vornamen-2019/. Berlin: Fabulas.

A1: Liste moderner und altmodischer Vornamen

Moderne Vornamen aus der Top 100 der beliebtesten weiblichen Vornamen im Jahr 2018	Altmodische Vornamen aus der Top 100 der beliebtesten weiblichen Vornamen im Jahr 1965
Amy	Andrea
Chiara	Anja
Ella	Astrid
Emilia	Barbara
Emily	Bärbel
Emma	Beate
Hailey	Bettina
Hannah	Birgit
Isabella	Britta
Jasmin	Claudia
Laura	Corinna
Lea	Doris
Leni	Dörte
Lilli	Heike
Lucy	Jutta
Luisa	Katrin
Marie	Kerstin
Melina	Kirsten
Mia	Martina
Nora	Petra
Olivia	Regina
Pia	Silke
Sarah	Silvia
Stella	Ursula
Zoe	Ute

A2: Fragebogen

Wie attraktiv schätzen Sie die Trägerin des folgenden Vornamens ein?

Alter: _____ Geschlecht: m / w

Name		0	1	2	3	4	5	6	7	8	9	10	
Amy	sehr unattraktiv	○	○	○	○	○	○	○	○	○	○	○	sehr attraktiv
Andrea	sehr unattraktiv	○	○	○	○	○	○	○	○	○	○	○	sehr attraktiv
Anja	sehr unattraktiv	○	○	○	○	○	○	○	○	○	○	○	sehr attraktiv
Astrid	sehr unattraktiv	○	○	○	○	○	○	○	○	○	○	○	sehr attraktiv
Barbara	sehr unattraktiv	○	○	○	○	○	○	○	○	○	○	○	sehr attraktiv
Bärbel	sehr unattraktiv	○	○	○	○	○	○	○	○	○	○	○	sehr attraktiv
Beate	sehr unattraktiv	○	○	○	○	○	○	○	○	○	○	○	sehr attraktiv
Bettina	sehr unattraktiv	○	○	○	○	○	○	○	○	○	○	○	sehr attraktiv
Birgit	sehr unattraktiv	○	○	○	○	○	○	○	○	○	○	○	sehr attraktiv
Britta	sehr unattraktiv	○	○	○	○	○	○	○	○	○	○	○	sehr attraktiv
Chiara	sehr unattraktiv	○	○	○	○	○	○	○	○	○	○	○	sehr attraktiv

Name		0	1	2	3	4	5	6	7	8	9	10	
Claudia	sehr unattraktiv	O	O	O	O	O	O	O	O	O	O	O	sehr attraktiv
Corinna	sehr unattraktiv	O	O	O	O	O	O	O	O	O	O	O	sehr attraktiv
Doris	sehr unattraktiv	O	O	O	O	O	O	O	O	O	O	O	sehr attraktiv
Dörte	sehr unattraktiv	O	O	O	O	O	O	O	O	O	O	O	sehr attraktiv
Ella	sehr unattraktiv	O	O	O	O	O	O	O	O	O	O	O	sehr attraktiv
Emilia	sehr unattraktiv	O	O	O	O	O	O	O	O	O	O	O	sehr attraktiv
Emily	sehr unattraktiv	O	O	O	O	O	O	O	O	O	O	O	sehr attraktiv
Emma	sehr unattraktiv	O	O	O	O	O	O	O	O	O	O	O	sehr attraktiv
Hailey	sehr unattraktiv	O	O	O	O	O	O	O	O	O	O	O	sehr attraktiv
Hannah	sehr unattraktiv	O	O	O	O	O	O	O	O	O	O	O	sehr attraktiv
Heike	sehr unattraktiv	O	O	O	O	O	O	O	O	O	O	O	sehr attraktiv
Isabella	sehr unattraktiv	O	O	O	O	O	O	O	O	O	O	O	sehr attraktiv
Jasmin	sehr unattraktiv	O	O	O	O	O	O	O	O	O	O	O	sehr attraktiv

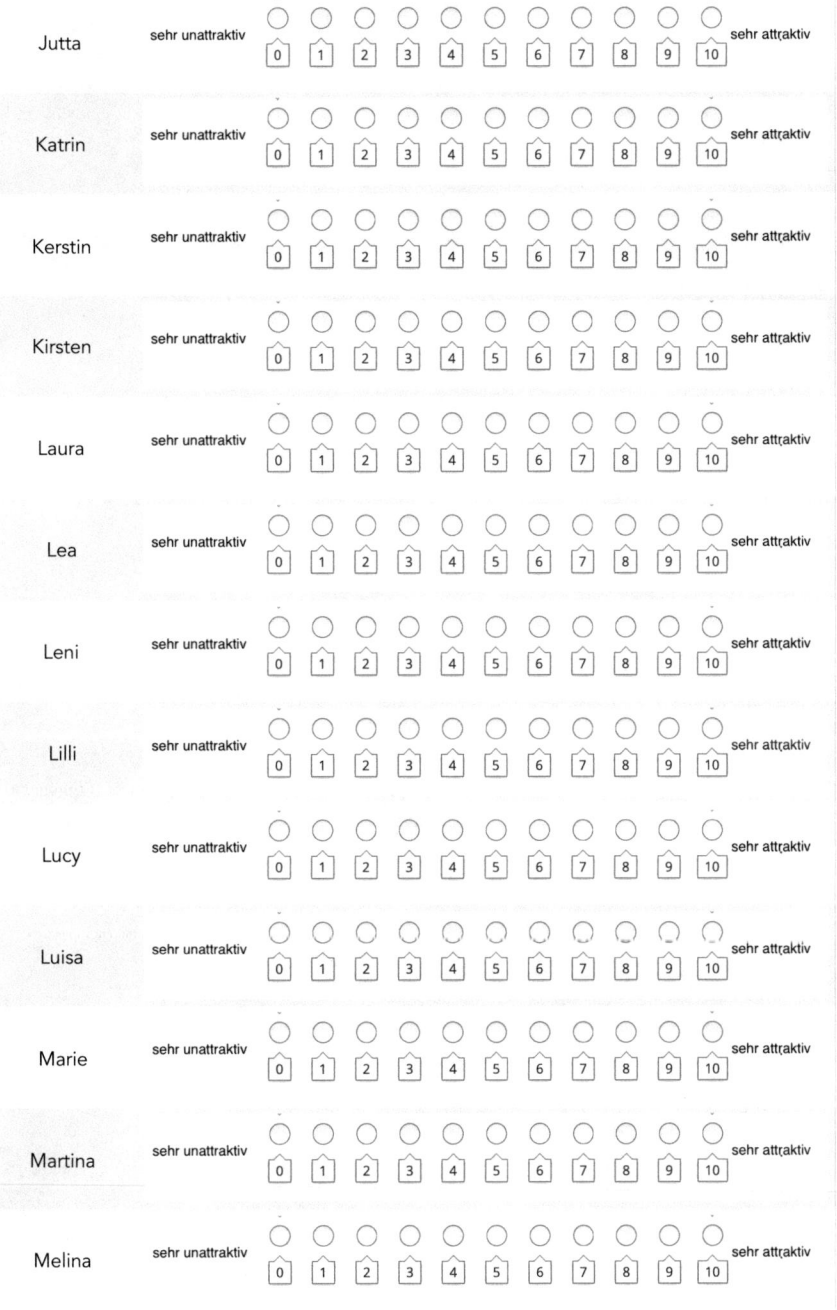

		0	1	2	3	4	5	6	7	8	9	10	
Jutta	sehr unattraktiv	○	○	○	○	○	○	○	○	○	○	○	sehr attraktiv
Katrin	sehr unattraktiv	○	○	○	○	○	○	○	○	○	○	○	sehr attraktiv
Kerstin	sehr unattraktiv	○	○	○	○	○	○	○	○	○	○	○	sehr attraktiv
Kirsten	sehr unattraktiv	○	○	○	○	○	○	○	○	○	○	○	sehr attraktiv
Laura	sehr unattraktiv	○	○	○	○	○	○	○	○	○	○	○	sehr attraktiv
Lea	sehr unattraktiv	○	○	○	○	○	○	○	○	○	○	○	sehr attraktiv
Leni	sehr unattraktiv	○	○	○	○	○	○	○	○	○	○	○	sehr attraktiv
Lilli	sehr unattraktiv	○	○	○	○	○	○	○	○	○	○	○	sehr attraktiv
Lucy	sehr unattraktiv	○	○	○	○	○	○	○	○	○	○	○	sehr attraktiv
Luisa	sehr unattraktiv	○	○	○	○	○	○	○	○	○	○	○	sehr attraktiv
Marie	sehr unattraktiv	○	○	○	○	○	○	○	○	○	○	○	sehr attraktiv
Martina	sehr unattraktiv	○	○	○	○	○	○	○	○	○	○	○	sehr attraktiv
Melina	sehr unattraktiv	○	○	○	○	○	○	○	○	○	○	○	sehr attraktiv

Name		0	1	2	3	4	5	6	7	8	9	10	
Mia	sehr unattraktiv	○	○	○	○	○	○	○	○	○	○	○	sehr attraktiv
Nora	sehr unattraktiv	○	○	○	○	○	○	○	○	○	○	○	sehr attraktiv
Olivia	sehr unattraktiv	○	○	○	○	○	○	○	○	○	○	○	sehr attraktiv
Petra	sehr unattraktiv	○	○	○	○	○	○	○	○	○	○	○	sehr attraktiv
Pia	sehr unattraktiv	○	○	○	○	○	○	○	○	○	○	○	sehr attraktiv
Regina	sehr unattraktiv	○	○	○	○	○	○	○	○	○	○	○	sehr attraktiv
Sarah	sehr unattraktiv	○	○	○	○	○	○	○	○	○	○	○	sehr attraktiv
Silke	sehr unattraktiv	○	○	○	○	○	○	○	○	○	○	○	sehr attraktiv
Silvia	sehr unattraktiv	○	○	○	○	○	○	○	○	○	○	○	sehr attraktiv
Stella	sehr unattraktiv	○	○	○	○	○	○	○	○	○	○	○	sehr attraktiv
Ursula	sehr unattraktiv	○	○	○	○	○	○	○	○	○	○	○	sehr attraktiv
Ute	sehr unattraktiv	○	○	○	○	○	○	○	○	○	○	○	sehr attraktiv
Zoe	sehr unattraktiv	○	○	○	○	○	○	○	○	○	○	○	sehr attraktiv